EDICIONES ANTÍGONA

Teatro

EDICIONES ANTÍGONA

© Juan Luis Mira, 2024
© Prólogo, Ignacio del Moral, 2024
© Para todos los países en lengua española:
Ediciones Antígona, S. L.
C/ Prim 15, local. 28004 (Madrid)
Tel: 91.119.17.32 / 640.631.054
info@edicionesantigona.com
www.edicionesantigona.com

Primera edición, 2024

Directora de la colección: Conchita Piña
Diseño de cubiertas: IJdesign
Director editorial: Isaac Juncos Cianca

ISBN: 978-84-10060-31-9
Depósito legal: M-23906-2024

Impreso en España / Printed in Spain

JUAN LUIS MIRA

EL AMOR DEBERÍA ESTAR PROHIBIDO

PRÓLOGO DE IGNACIO DEL MORAL

ÍNDICE

Prólogo

El teatro breve, que siempre estuvo presente en los escenarios (ya se sabe, entremeses, etc.) y en que todos los autores han cultivado, incluso sabiendo que solían tener escasas perspectivas de subir al escenario, goza en estos tiempos de un notable auge. Es más, de breve ha pasado a superbreve o incluso a «micro». Creo que a nadie se le escapa que ese peculiar modelo de negocio teatral que son los «microteatros» han propiciado una cierta demanda de este tipo de piezas, poco consideradas en las últimas décadas. Durante ese tiempo, lo habitual era representar una selección de piezas breves relacionadas entre sí bien por la temática, la autoría o cualquier otro criterio. El modelo del *Microteatro* ofrece las piezas exentas, como un todo, si bien el espectador tiene la posibilidad de aprovechar para ver varias de ellas y, entre una y otra, tomarse algo en el bar. Es un formato que a mí me produce algo de tal vez injustificada melancolía. No sé si es un teatro para personas con prisa o con poca capacidad de concentración o TDA; si supone, por el contrario, una apreciable introducción al teatro para gente que (el público es mayoritariamente joven) no ha ido nunca o si es el futuro que nos espera: *sea breve, por favor*.

La pieza breve, más allá de sus inciertas oportunidades de verse representada, tiene para el dramaturgo o dramaturga un valor muy especial: es esa pieza que se escribe a veces como borrador de algo que pensamos que será (aunque raras veces llega a ser) más largo, o para airear la mente tras (o durante) la escritura de otro texto que nos requiere atención y trabajo continuados; o bien respondiendo a un impulso súbito, a la provocación que nos ha supuesto presenciar una escena en medio de nuestra cotidianeidad, o la lectura de una noticia... pero también suele ser una respuesta (o más bien repregunta) a alguna inquietud repentina. La pieza breve, por lo general, huye de la épica, apenas sigue un argumento, pasa de la presentación al desenlace (o a la falta de él) en un abrir y cerrar de ojos.

Personalmente, yo asocio la brevedad a la rapidez en la escritura, al chispazo, aunque después, durante meses o años, especialmente si no se representa, siga volviendo sobre ella para darle un retoque aquí o allá. Y a veces, una pieza breve abre el camino a otra, y esta a otra... constituyendo entonces una especie de *collage*, un mosaico cuyas teselas, si bien pueden ser disfrutadas por separado, se refuerzan y nutren, y hasta se reclaman unas a otras.

Es el caso, creo, de *El Amor debería estar prohibido*, una colección de piezas (o minipiezas o micropiezas) que, deseando permanecer juntas, proponen una fórmula de representación despojada de todo, lo que supone para los intérpretes un delicioso desafío y para el espectador una regocijante, aunque para nada trivial, experiencia de teatro depurado y, en cierto modo, brutalista, que requiere máxima complicidad por arte del espectador y notable entrega y capacidad de concentración en quienes están en escena. Y, tal como el autor señala en su introducción, constituye un homenaje a ese teatro para el cual bastaban dos comediantes, una manta y una pasión. Ese teatro que cobra pleno sentido en un tiempo en el que vivimos sitiados por las pantallas, que ya no es que filtren o manipulen la realidad —en vez de reflejarla como en un principio prometían— sino que, en una nueva pirueta, la crean. Ese teatro que poco a poco va siendo el últimos espacio vivo donde compartir las fantasías que nos van quedando.

Ignacio del Moral
Marzo de 2024

NOTA

«Sea breve», nos piden muchas veces. Pero no es fácil: la desesperación, la falta de confianza en nosotros mismos, la necesidad de demostrar (o fingir) que sabemos de lo que hablamos, de convencernos a nosotros mismos con nuestros argumentos... o, a veces, el deseo de engañar, nos hacen por lo general explayarnos de más cuando estamos en el uso de la palabra, oral o escrita.

No es fácil ser breve, sobre todo cuando se es joven. Pero con el tiempo, vamos apreciando más la capacidad de síntesis en quienes nos hablan, la concisión en quienes nos explican algo, la economía de palabras en la narración. ¡Qué pesada es la gente pesada! Y, cuando llegamos a la madurez como escritores, y quizá porque ya no queramos perder tiempo, nos gusta decir o escribir menos tratando de contar más. En lo que a mí respecta, llamadme cualquier cosa menos pesado. No sé si el amor debería estar prohibido. La pesadez, sí.

Casi todo está ya dicho, de mil maneras distintas. Si vamos a decirlo otra vez, si vamos a hablar del amor otra vez, hagámoslo al menos con sobriedad y tengamos la cortesía de no obligar a los demás a dedicarnos más tiempo del estrictamente necesario. En todo caso, que se vayan a casa o que cierren el libro con ganas de más.

Sea breve, por favor. Y Juan Luis Mira fue breve.

Las treinta escenas que aquí se reúnen (que podrían ser una, en virtud del mecanismo de representación que el propio texto sugiere, pero que no dejan de ser treinta) son otras tantas breves calas en el mundo de las relaciones ¿amorosas, sexuales, eróticas...? teñidas de un pesimismo tierno; un pesimismo que no pretende arrastrar al espectador o lector hacia la desesperación. Más bien al contrario: le anima a vivir su experiencia con todas sus consecuencias, con curiosidad y abierto a los imprevistos, porque, pase lo que pase, siempre saldrá de ellas con algo aprendido y porque, salvo que nos empeñemos (y en alguna de las pieza alguien se empeña) la vida sigue. Por encima del gozo o del sufrimiento, los personajes que las protagonizan acaban su peripecia presas de la perplejidad tras una revelación. Y es que el amor, tal como lo retrata el autor, es, sobre todo, una fuente de sorpresas. En general, no exactamente agradables, pero en casi (casi) todos los casos los abruptos finales podrían propiciar un cambio de actitud o de punto de vista, suponiendo, de alguna manera, una nueva oportunidad. Algo así como ese «Siga jugando» de los rasca-premios: jódase un poquito, pero no desespere, hombre.

(No puedo dejar de recordar aquí la revista *Art Teatral*, que fundó Eduardo Quiles en Valencia en 1987, y que se especializaba en este tipo de piezas (minipiezas, las llama él), lo cual era una rareza. Art Teatral propone sobre todo una experiencia lectora y visual porque al mismo tiempo que piezas breves (minipiezas) publica obra gráfica de diversos artistas y también ensayos. Recuerdo el orgullo que me supuso que me pidiera una de las mías para el número 5, en el lejano 1992. Desde aquí, gracias).

EL HAMOR

Las palabras tienen alas, pero no siempre vuelan hacia donde queremos. El corazón, el que no tiene válvulas, el que sueña y despierta, también las tiene. El amor, en suma, se nutre de palabras y de alas y de sueños despiertos que dan tumbos como buena o malamente puede. Y así le va. A veces bien, a veces mal. Pero le va, que de eso se trata. Hacer humor del amor tiene tela, pero no deja de ser humor al fin y al cabo. Aunque al final el humor convierta el amor en desamor y termine siendo hamor.

En los tiempos que corren, a merced de bichos y sombras, la sonrisa es más importante que nunca. Y reírse del amor es reírse de nosotros mismos. Aunque sea con una sonrisa ácida, gamberra o carpetovetónica. La sonrisa es sonrisa. Sonrisas de todos los colores. Siempre. Necesaria como el aire que respiramos. Y si nos la tapan con una mascarilla siempre nos quedarán los ojos y hasta el hígado para destaparla.

El amor debería estar prohibido es un homenaje al actor y al teatro, que llevan veinticinco siglos en crisis y ahí están, eternamente moribundos y tan sanos. Porque al final no existe la palabra ni el personaje, solo ellos. Un actor y una actriz. Y un público, distanciado o no. Siempre ahí. Partiéndose la cara. Ellos son, en definitiva, el teatro. Y no hace falta nada más, ni menos, para que un escenario se llene de alas y de vida.

Juan Luis Mira
Alicante, 2020

EL AMOR DEBERÍA ESTAR PROHIBIDO

30 escenas — que son una — sobre el desamor, para una actriz, un actor y un perchero

Para Iván e Inma, que se atrevieron a subirlo a un escenario.

Esto es amor, quien lo probó lo sabe.
Lope de Vega

El corazón, si pudiera pensar, se pararía.
Fernando Pessoa

El dron se aleja volando, satisfecho. Ante la ventana de los vecinos, donde la inquilina acaba de recibir una paliza de su marido, muestra uno de los nuevos eslóganes personalizados de QualityPartner: «El Amor No Debería Doler».
Marc-Uwe Kling, *QualityLand*

El Amor Debería Estar Prohibido *se estrenó*
el 12 de noviembre de 2020, en La Caja Negra de Las Cigarreras,
en la XXVIII MUESTRA DE TEATRO ESPAÑOL
DE AUTORES CONTEMPORÁNEOS,
con el siguiente reparto:

ÉL (mujer a veces), de 8 a 80 años - Iván Gisbert
ELLA (hombre a veces), de 8 a 80 años - Inma Mira

Dirección - Juan Luis Mira

Las treinta escenas —el orden propuesto es aleatorio— deben transitar de una a otra sin pausa. Es la palabra la que define personaje, situación y acción.

(…) Pausa, silencio o lo que quiera que le pase al actor/actriz (o a ambos) y que diga más que cualquier palabra.

( ) Edad aproximada de los personajes

/ Indica que la réplica entra sin pausa alguna a continuación

En verso y cursiva, texto cantado

El violín puede ser sustituido por cualquier otro instrumento (o por la voz humana, el instrumento más hermoso)

Patio de butacas todavía con su luz de sala y, si es posible, con público. El que sea. Telón abierto.
Sobre el escenario, una luz general, cálida y básica.
Dos taburetes. Un perchero.
Tras los avisos pertinentes de inicio de la función y, después de apagar la luz de sala, irrumpen en el escenario ELLA *y, detrás,* ÉL.

PRÓLOGO. TENGO UNA OBRA

ELLA (?)
Tío, ¿qué haces aquí? *(Se gira. Ve que* ÉL *no lleva mascarilla.)* Ponte la mascarilla.

ÉL (?)
Perdona, perdona. Tú también. *(Se la colocan.)*

ELLA
Ah, claro, es que para estar por casa, pues/

ÉL
A mí es que se me olvida. Todavía no estoy acostumbrado.

ELLA
Pues ya toca. Sabes que no se puede salir.

ÉL

(Miente.) He ido a comprar el pan.

ELLA

¿Y el pan? (…)

ÉL

¿Besicodo? *(Prepara el codo.)*

ELLA

¿Cómo?

ELLA

Ah. Tus putos juegos de palabras. *(Choque de codos.)* ¿Y?

ÉL

Que he pensado…

ELLA

Joder…

ÉL

Volver.

ELLA

Estás de coña.

ÉL

Sí. Estoy de coña.

ELLA

¿Entonces…?

ÉL

Bueno, de alguna manera, sí que es volver, pero a montar

algo. Tú y yo. Sin directores ni escenógrafos ni ni ni siquiera técnicos. Bueno, los de cada teatro. Tú y yo, con un par. Ahora que no somos pareja, es otra cosa. Donde metas la *hoya*/

ELLA

Podías haberlo pensado antes y no nos hubiéramos arruinado/

ÉL

Nos hubiéramos arruinado igualmente aunque no hubiéramos sido pareja, el texto que elegiste era infumable/

ELLA

El texto era bueno, qué coño. Lo que es infumable es montar una obra de teatro. Y no te digo ahora/

ÉL

El texto era una mierda/

ELLA

No/

ÉL

El autor era un gilipollas pretencioso/

ELLA

Ya empezamos. Si es que contigo es imposible hacer nada. Ni hablar como personas.

ÉL

Vale, perdona. Tengo un texto. Cojonudo. Para estos tiempos.

ELLA

Para estos tiempos.

ÉL

Para estos tiempos. Y los que vendrán.

ELLA

No.

ÉL

Actor, actriz y punto. Ya te lo he dicho. Un homenaje al actor. Y a la actriz. Para qué más. La palabra y el personaje. Ya sabes.

ELLA

Yo no sé nada.

ÉL

Teatro para tiempos de crisis, pero que sirva para después de la crisis. A ver si me entiendes. Llegamos al teatro, hablamos con los técnicos, que nos pongan luz general, nada más, no hace falta nada más. Ni banda sonora ni hostias. Tu violín, como mucho.

ELLA

Mi violín.

ÉL

Pero en directo. Nada de grabaciones. Siempre vienen bien unas pinceladas musicales. No sé… Y de paso aprovechamos que tú…

ELLA

Adiós.

> ELLA *le empuja para que salga.*

ÉL

Nos podemos hinchar a bolos.

ELLA

Te recuerdo que hasta el Circo del Sol ha quebrado.

ÉL

Incluso he pensado meter este momento.

ELLA

Qué momento.

ÉL

Este momento en que yo me presento en tu casa y te cuento todo este rollo y tú me dices…

ELLA

Estupendo. Ya te puedes ir. *(Echándole. ÉL se baja la mascarilla.)* ¡Y no te bajes la mascarilla!

ÉL

Déjame que te cuente más. *(Se sube la mascarilla.)*

ELLA

No.

ÉL

Lo he escrito yo.

ELLA

Madre mía.

ÉL

Treinta escenas. Pim pam pim pam… una detrás de otra.

ELLA

Mira que te gusta.

ÉL

¿El qué?

ELLA

Pim pam pim pam… Seguro que aparece en el texto.

ÉL

Ni de coña. Yo cuando escribo teatro me transformo.

ELLA

El doctor Jekyll de Vallecas.

ÉL

Sobre el amor. Bueno, el desamor.

ELLA

Me lo temía.

ÉL

Un poco en clave de comedia.

ELLA

Pufff…

ÉL

Pero también hay escenas *heavies*. ¡Hasta una de un pederasta!

ELLA

¿Treinta escenas?

ÉL

Treinta historias. Algunas más largas que otras… ¡Hay una que dura quince segundos!

ELLA

Estás muy loco tú, tío. Muy loco.

ÉL

A la gente lo que le gusta es que le cuenten historias, ¿no?
Pues le vamos a contar no una... ¡treinta! Pim pam pim
pam. ¡Y en poco más de una hora!

ELLA

Se las contarás tú, porque yo no estoy para pim pam pim
pam...

ÉL

Y sin transiciones. Imagínate. Nada más terminar una,
pasamos a otra. El poder de la palabra. Una escena eres...
eres... por ejemplo... una niña repelente, que esa te va
que ni pintado, y a la siguiente... una tía sádica que enve-
nena a su ex.

ELLA

Esa me va mejor...

ÉL

... o ... un gay... o... ¡una abuela o/

ELLA

Y la gente se va a enterar...

ÉL

Ya estamos... El público no es tonto. ¡Pues claro que se va
a enterar! En un par de segundos, entre escena y escena,
tenemos que pasar a otro personaje. ¿Somos actores o
qué somos?

ELLA

Tú, no lo sé. Yo, actriz. En paro.

ÉL

El poder del silencio, tía. La magia del teatro… ¡El *gestus*!

ELLA

Qué daño te hizo la Layton, chaval… Venga, *gestus*, aire…

ÉL

Al menos léelo.

ELLA

Envíamelo por mail. Pero ya te digo que no.

ÉL

(Se vuelve a bajar la mascarilla.) Ya te lo he enviado.

ELLA

¡Que te subas las mascarilla, coñoooo!

ÉL

(Se la sube.) Lo tengo imprimido.

ELLA

Impreso.

ÉL

Imprimido impreso, pero no te lo he traído por si había que desinfectarlo.

ELLA

Muy bien. Lo leo y te digo que no.

ÉL

Igual te encanta y me dices que sí.

ELLA

A ti no te digo que sí ni para jugar a los bolos.

ÉL

Porque te gano.

ELLA

Por eso. Largo. Y la próxima vez me llamas y te ahorras el viaje.

ÉL

Es que era algo que no se puede contar por *wasabi*.

ELLA

Es que sabes que no hubiera leído el… *wasabi*, como tú lo llamas.

ÉL

También.

ÉL

Me voy. Léelo, *plis*.

ELLA

Lo leo. No tengo otra cosa que hacer.

ÉL

¿Te aburres mucho?

ELLA

Pichí pichí. Como todos, supongo.

ÉL

Eso de pasar esta mierda solo… es una mierda.

ELLA
Yo no estoy sola.

ÉL
Ah, ¿no?

ELLA
Todavía está durmiendo.

ÉL
Coño.

ELLA
Es que escribe por la noche. El mierda gilipollas pretencioso.

ÉL
Me voy.

ELLA
¿Sin... besicodo?

> ELLA *pone el codo.* ÉL, *no.*

1. UN PRONTO

ELLA (30) *muy sonriente. Esconde una pequeña caja de regalo, tras la espalda.*

ÉL (30)
(Serio y desconcertado.) ¿Qué llevas ahí detrás?

ELLA
Un regalo para ti.

ÉL

ΑΑ ¿Y eso?

ELLA

ΑΑ ¿Ah? ¡Sorpreeeeesa!

ÉL

ΑΑ (…)

ELLA

ΑΑ Me ha dado un pronto.

ÉL

ΑΑ ¿Un pronto?

ELLA

ΑΑ Un pronto. He pasado por un escaparate, lo he visto y no me lo he pensado dos veces. Es una tontería, pero me da que te va a gustar. Lo has visto *nosecuántas* veces y *nosécuantas* veces que me has dicho: cómo me gusta. ¿Quieres una pista?

ÉL

ΑΑ No hace falta.

ELLA

ΑΑ Cierra los ojos y te lo enseño.

ÉL

ΑΑ (…)

ELLA

ΑΑ ¿No los cierras?

ÉL

ΑΑ (…)

ELLA
Cierra los ojos, venga.

ÉL
No.

ELLA
Uy.

ÉL
(…) Acabo de quedar a cenar con… (…) Ya sabes…

ELLA
¿La guarra?

ÉL
Mujer…

ELLA
¡La guarra! ¿Y eso?

ÉL
(…) Me ha dado un pronto.

2. LA VUELTA DEL HÉROE

ELLA (50)
(…)

ÉL (50)
(…) La puerta estaba… (…)

ELLA
No es posible

ÉL
Sí lo es.

ELLA
(…) Nos dijeron…

ÉL
Ya.

ELLA
(…) Tus cenizas las tenemos en…

ÉL
No son mis cenizas. Ya lo ves.

ELLA
Claro, claro. (…) Pero por qué…

ÉL
Es demasiado difícil de explicar.

ELLA
(…)

ÉL
(…)

ELLA
Tu foto en el telediario. Las imágenes horribles esas que vio medio mundo con el jeep destrozado. La medalla…

ÉL
¿Os dieron una medalla?

ELLA
Tu medalla.

ÉL

(...)

ELLA

Dios mío. Los políticos. Los discursos. El himno. ¡La calle!

ÉL

¿Qué calle?

ELLA

¡Tienes una calle!

ÉL

¿Tengo una calle?

ELLA

Muy cerca de aquí. (...) Y, por supuesto, la pensión.

ÉL

(...)

ELLA

Gracias a ella fuimos tirando los primeros años. (...) No puede ser. No puede ser.

ÉL

Es. (...) ¿Los niños?

ELLA

En la universidad. (...) ¿Por qué no escribiste al menos?

ÉL

A los héroes muertos no les permiten escribir.

ELLA

(…)

ÉL

Estás tan guapa como siempre. (…) Ha sido lo único que me ha mantenido vivo. Tu recuerdo. Y este momento. Ha llegado.

ELLA

¿Traes maletas?

ÉL

Las dejé en el hotel. Ayer me llevaron directamente del aeropuerto. Doce horas de vuelo. He cogido un taxi para venir a casa. Mañana me espera un día muy movido, entrevistas y todo eso. Hasta me recibe el rey, eso me han dicho. Volveré a salir en el telediario. (…) ¿Puedo entrar?

ELLA

Sí, por supuesto. Pasa, pasa… (…) Y así conoces a… (…) Berta.

3. ALERGIA

ELLA (40)

Pero, pase, flaco, pase, por favor. Dígame que le pasa.

ÉL (40)

Pues que me salen unas extrañas manchas en la cara, doctora.

ELLA

No veo nada.

ÉL

Fíjese bien. Aquí. En la sien izquierda. ¿Lo ve?

ELLA

Espere que me ponga las gafas. (…) Veamos. Ah, sí. Es verdad. Tienen forma de corazón.

ÉL

Exactamente.

ELLA

Como una viruela, pero solo ahí. Qué curioso. Ni en las manos, ni en el cuello, ni/

ÉL

Solo en la sien.

ELLA

¿Le pican o/

ÉL

Me queman un poco. Como ahora, pero/

ELLA

Es la primera vez que veo algo parecido. Aunque no creo que tenga por qué preocuparse.

ÉL

Pues me preocupa. Ya lo creo que me preocupa.

ELLA

¿Y desde cuándo le salen estas manchitas?

ÉL

Me salieron una vez, de crío. Pero dejaron de salirme. Y ahora, ya ve, a mis años…

ELLA

Ni que fuera usted un viejo.

ÉL

Tampoco se crea, ¿eh?

ELLA

¿Es usted alérgico a algo? ¿Lactosa, frutos secos, polen?

ÉL

A nada de eso, que yo sepa.

ELLA

¿Y cuándo se ha dado cuenta de que le han vuelto las manchas?

ÉL

Pues el domingo pasado. Poco antes de las ocho. ¿A que a esa hora usted estaba en el cine con...? ¿Su marido? ¿A que sí?

ELLA

¿El domingo? Sí, fuimos al cine. Sí, mi marido.

ÉL

Usted no se daría cuenta, claro. Yo estaba sentado en la misma fila. Solo. Dos asientos a su izquierda. La pude ver antes de que se apagaran las luces. Estaba usted muy muy... Maravillosa. Fue un momento. Nada. Y qué casualidad, resulta que vengo al centro de salud y es usted la médica.

ELLA

No entiendo qué tiene ver todo esto con sus manchitas, ¿oíste?

ÉL

Pues que el domingo, al verla, ya le digo, un par de segundos, nada más, sentí en mi sien lo mismo que aquella vez, en el colegio, cuando... Cuando la seño más guapa del mundo hizo que me salieran... estas manchas.

4. SEPARADOS

ELLA (40)

¿A qué hora me lo traes?

ÉL (40)

¿A las diez?

ELLA

Antes. Mañana tiene cole. Y tendré que ducharlo.

ÉL

A las nueve lo tienes aquí.

ELLA

¿Vais con/

ÉL

Sí. Ella es la que ha conseguido las entradas.

ELLA

Pues que lo disfrutéis. (...) Y cuidado con el coche.

ÉL

Tranquila. (...) Oye... Que... te... o sea, que, no sé... que...

ELLA

El nene. Se empieza a cansar de esperar.

ÉL

    Que… que te veo mejor.

ELLA

    (…) Estoy de puta madre.

ÉL

    No, en serio, que…

ELLA

    Que…

ÉL

    O sea, que te veo, que…

ELLA

    Qué.

ÉL

    Que la medicación esa te ha sentado muy bien.

ELLA

    (…)

ÉL

    (…)

5. SAUNA

ELLA/HOMBRE (50)

    ¿Se puede saber qué haces aquí?

ÉL (50)

    Ya ves.

ELLA

Tú odias la sauna. (…)

ÉL

Nunca he entendido cómo te puede gustar este infierno.

ELLA

Hoy se está muy bien, no hay nadie.

ÉL

Así podemos hablar. De hombre a hombre.

ELLA

¡¿Qué haces aquí?!

ÉL

Si la sauna no va a Mahoma… Llevo desde ayer intentando hablar contigo. Y no me digas que no lo sabes. Debes de tener el móvil que explota.

ELLA

¿Cómo sabías que estaba aquí?

ÉL

Me lo ha dicho tu mujer.

ELLA

¿Has llamado a mi mujer?

ÉL

¿Perdona? Serás estúpido… Cómo se me va a ocurrir llamar a tu mujer. Ella ha sido las que me ha llamado. Sabe lo nuestro. No me digas cómo lo sabe, pero lo sabe.

ELLA

(…) Se lo dije yo. Ayer.

ÉL

Que le has dicho qué.

ELLA

Que me había enamorado de un hombre.

ÉL

Enhorabuena. Solo has tardado seis años.

ELLA

Nunca es tarde.

ÉL

¿Y ahora qué?

ELLA

A la sauna se viene a sudar. (…)

ÉL

¿Y ahora qué?

ELLA

Ahora nada. Se lo conté a mi mujer porque últimamente la he pillado rastreando mi móvil. No es muy imaginativa. Para mí que pensaba que tenía un lío con mi secretaria. Se echó a llorar, claro. Por lo menos no gritó. Pero le dije lo que tenía que decirle.

ÉL

¿La vas a dejar, por fin?

ELLA

(…)

ÉL

¿La vas a dejar?

ELLA

(…)

ÉL

¿¡¡¡La vas a dejar, maricón!!!!?

ELLA

Mira. No sé si eres el hombre de mi vida, pero una cosa tengo clara: ella sí que es la mujer de mi vida.

ÉL

No aguanto este calor.

ELLA

Yo sí.

6. TATOO

ÉL, tumbado, semiinconsciente; ELLA, muy choni, disfrutando el momento.

ELLA (40)

Antes de que te vayas del todo, te cuento. Así te enteras de qué coño te está pasando, y sufres más, que es de lo que se trata. ¿Me escuchas?

ÉL (40)

mmmm…

ELLA

Hijo mío… si no pronuncias mejor, como que no te se entiende… ¿Qué ha pasado? Pues ha pasado que hace ya diez años que nos tatuamos los dos «forever» en el brazo. ¿Te acuerdas? A ver. (…) La verdad es que el Palmeras es un artista. El tatuaje sí que aguanta el tiempo. Primero te tuve que explicar lo que significaba «forever», que, hijo mío, los idiomas no es lo tuyo. Después tú te tatuaste «forever» con mi nombre, míralo, joder, hasta se ve bonito...; yo, «forever» con el tuyo en el mío. Mira. Bueno, ahora no ves nada. Es igual. Lo tienes muy visto. La putada es que yo me llamo María José. Y mariajosés hay miles. Millones. Tú, Estanislao, como se les ocurrió a los raros de tus padres ponerte, anda que. El nombrecito se las trae, di que es corto, que me llega del codo a la muñeca.

ÉL

mmmm...

ELLA

Ahora te explico, Stanis, no te impacientes tanto. Pues por eso cuando me enteré de que me dejabas por esa «pelandrusca» que, tiene guasa la cosa, se llama como yo, lo entendí todo. ¡Lo tenías a huevo! Hay que ver, nene, tú, como siempre, aprovechándolo todo. Como si te viera. Le habrás dicho que esa «María José forever» del brazo era ella y la tonta o no se habrá dado cuenta de que tu tatoo tiene más años que la picor o igual hasta cree en el destino, será gilipollas la gilipollas. ¿Tragó o no tragó?

ÉL

mmmm...

ELLA

Lo que yo decía. Así que lo tuve claro. El chupito del postre. Yo, ni me he mojado los labios. Tú, como un machote. *¡Padentro*, de un trago! Pues toma trago. El último. El orujo es lo que tiene, lo quema todo. Carfenta... no sé qué. Se lo echan a los elefantes. Primero te adormece. Uno se entera de lo que pasa a su alrededor, que es lo que te está pasando ahora mismito, pero se le queda la lengua estropajo y es incapaz de mover apenas un dedo. A ver, mueve uno.

Él

mmmm…

Ella

Joder, pesa ¿eh? Luego, depende de la dosis, te mata o no. La mía ya lo creo que te va a llevar al otro barrio.

Él

(Casi imperceptible.) Japutaaaaa…

Ella

¿Cómo? Pronuncia, imbécil, que no te se siente…

Él

(Algo más fuerte.) Hijaputaaaa…

Ella

Nada, que no hay forma… Lo has movido un poco o eso me ha parecido a mí, pues no te esfuerces, nene, no te va a servir de nada. La muerte gris, la llaman. Está poniéndose de moda. No saben ya qué inventar. Qué pena que no me puedas contar si la muerte es gris. Bueno, de pena nada. Miro tus ojos y disfruto como una perra. Jódete.

Él

(Más fuerte.) Hijadelagranputaaaaa…

Ella

Es lo que quería: que te enteraras de todo. Anda, a ver si me respondes ahora.

ÉL

mmmm…

ELLA

Y ahora… ¿dónde coño encuentro yo un tío que se llame…
(Mostrando su antebrazo tatuado.)… Estanislao?

7. EL DIBUJO

ÉL *lleva en la mano una cuartilla con un dibujo.* ELLA *(8), a
su lado, parece hacerle más caso a la* SEÑO. ÉL *habla bajando
la voz cuanto puede.*

ÉL (8)

Esa eres tú. Con un globo en la mano, ¿lo ves? Perdona si
te hablo tan bajito, a ver si me pilla la seño y otra vez al
rincón de pensar. Te lo he dibujado mientras está de
espaldas con ese rollo del sujeto en la pizarra. Lo he
hecho, como dice mi yaya, en un santiamén, que es un
santo que corría más que nadie. Es que dibujo muy rápi-
do. Zas. Tranqui, después le queda el predicado. Un
minuto o más, por lo menos. Yo en un minuto te dibujo
tres veces. Si me pilla, me cago de miedo. Me pediría el
dibujo y me lo tendría que tragar. ¿Te gusta? El de al
lado, de verde, soy yo dándote el dibujo. Como ahora. A
mí me gusta pintarme de verde. Tú eres la de azul.
Siempre te pinto de azul. Para mí tú eres azul. No rosa,
no. Azul como el cielo azul. Cada uno tiene un color. Mi
madre es naranja y mi padre fucsia. Con su móvil fucsia
y su corbata fucsia. No me preguntes por qué, pero es
fucsia, si lo pinto de otro color como que no es él. Me
gusta pintar lo que va a pasar enseguida o lo que pasará
después. La seño está de espaldas, ¿la ves? De negro. Tú
sonríes, no como ahora. Conmigo nunca te ríes. Con

Gorka sí que te ríes. Y con Marina. Y con casi todos. Te veo a lo lejos. Pero es igual. Me encanta pintarte riéndote. Estás más guapa cuando te ríes. También estás guapa sin reírte, no te creas. Te puedes quedar el dibujo, si quieres. Tengo más.

Te he dibujado muchas veces. Guardo los dibujos en la mochila del año pasado. Está que ya no le cabe un dibujo más. Todos tuyos. Una vez hasta te dibujé cuando estabas en el columpio. Era difícil porque como ibas por el aire, así, pues me costaba pensarte y pararte. Pero te pinté. De azul, claro. Y riéndote. Bueno, yo te veía a ti, pero tú solo te columpiabas. Y cómo te reías. Toma. Es para ti. (…)

ELLA
Eres feo. Y gordo. (…)

8. HAPPY BIRTHDAY

ELLA (60)
¿Qué tal el congreso?

ÉL (60)
Bien. Bueno, como siempre. Aburrido.

ELLA
¿Tu ponencia?

ÉL
Parece que les gustó.

ELLA
¿Y el día de tu cumple, lo pasaste bien? (…)

ÉL

Pues cómo lo voy a pasar. Cené y a la cama.

ELLA

¿No ligaste?

ÉL

(…) ¿Cómo?

ELLA

Bueno, ya me entiendes. Tú siempre estás a la que cae.

ÉL

Y tú no paras de decir tonterías.

ELLA

¿Te llegó mi regalo?

ÉL

¿Qué regalo?

ELLA

Te envié un regalo.

ÉL

Pues no me lo dieron.

ELLA

¿No?

ELLA

¿Ligaste?

ÉL

Vale ya, ¿no?

ELLA

La chica de la barra. La que se estaba tomando un San Francisco.

ÉL

(…)

ELLA

La mulata.

ÉL

¿Qué estás diciendo?

ELLA

Pero entonces … ¿ligaste o no ligaste?

ÉL

(…)

ELLA

Si te vieras. Un tomate. Y no es eso. No pasa nada. A ver si te va a subir la tensión.

ÉL

(…) ¿Te han contado algo? Algún colega gracioso que se ha ido de la lengua.

ELLA

¿Ligaste o no?

ÉL

Si ya lo sabes, ¿por qué me lo preguntas?

ELLA

¿Y no te extrañó que aquel bombón quisiera ligar contigo

y además no te cobrara? Chico, que tampoco es que seas un vejestorio, pero tienes tus añitos.

Él

Aquel bombón que dices era una joven cirujana cubana que había asistido al congreso y a quien, me consta, le había «fascinado» mi ponencia.

Ella

Solo has acertado en que era joven. Ni siquiera cubana. Dominicana. Ahora sé que elegí una buena profesional.

Él

No entiendo nada.

Ella

¿Lo pasaste bien? Eso es lo que importa. ¿Lo pasaste bien?

Él

(…)

Ella

Ya sabes lo que pienso sobre los regalos. Se debe regalar pensando en quien recibe el regalo y no al revés, que es lo que suele hacerse. Y por tus sesenta cumpleaños pensé que nada te haría más ilusión. ¿Acerté? Bueno, al menos sé que te llegó mi regalo. *(Le acaricia tiernamente la mejilla.)* Feliz cumpleaños, mi amor.

Happy birthday to you,
happy birthday, to you,
happy birtday dear doctor,
happy birthday to you…

9. Desmemoria

ELLA (80)

Te querrás creer que, por no acordarme, no me acuerdo de cuándo nos conocimos? ¿Te acuerdas tú?

ÉL (80)

Mujer, éramos muy pequeños. Yo que sé. ¿En la escuela?

ELLA

Pero si ni tú ni yo hemos ido a la escuela.

ÉL

¿En el puesto de mercado de tu padre?

ELLA

Sería ahí. Sí.

ÉL

Lo he dicho por decir algo. ¿Estás contenta?

ELLA

Ya. Como siempre. Al final tienes respuestas para todo.

ÉL

Y si no la tengo, me invento una pregunta y se acabó. ¿Sí o sí?

ELLA

Pues que sepas que me pone de los nervios.

ÉL

¿La pregunta o que tenga respuestas para todo?

ELLA

Qué mala baba que tienes, madre del amor hermoso.

ÉL

¿Mala baba?

ELLA

Mira que llevamos años juntos y...

ÉL

¿Cuántos?

ELLA

Demasiados. Y, sin embargo, pocos días nos hemos separado uno del otro, aunque siempre estemos como el perro y el gato.

ÉL

No será para tanto. En el fondo sabes que no podemos vivir el uno sin el otro, ¿o no?

ELLA

Hombre, gracias.

ÉL

¿No es eso lo que querías que te dijera?

ELLA

Ya sabía yo que... Pues mira lo que te digo, aunque no me acuerde bien. De una cosa estoy segura. Por lo menos, por lo menos, sesenta años juntos no nos los quita nadie.

ÉL

¿Sesenta ya?

ELLA

Oye.

ÉL

Qué.

ELLA

Y digo yo que

ÉL

Qué.

ELLA

(...) ¿Y si nos casamos?

ÉL

(...) ¿Tú y yo? ¿Es un chiste? (...) ¿Casarnos? (...) ¿Con quién?

10. CENTRALITA

ELLA/ HOMBRE/MUJER

(Voz metálica.)... Gestión y promoción, 6; con atención al público, 7. Si no conoce la extensión, por favor, espere... *(Tararea una sintonía machacona de espera. La interrumpe con acento cubano.)* Buenos días. Le atiende Roberto Óscar Menargues, ¿en qué puedo servirle?

ÉL

(Pegado al móvil.) Buenos días, Roberto. Verá, acabo de hablar con una compañera suya. Mónica. No me acuerdo de su apellido. Y se ha cortado. Me gustaría volver a hablar con ella, si es usted tan amable. (...) ¿Oiga? ¿Podía pasarme?

ELLA

No, señor, lo siento. Verá usted, es que/

ÉL

Tenía un poco acento entre canario y colombiano. Una voz muy dulce. Era un encanto de criatura. Mónica, Mónica... ¿mmm?... vaya, que no consigo acordarme.

ELLA

Aunque me dijera su apellido, señor...

ÉL

Manolo.

ELLA

Aunque me dijera su apellido, señor Manolo, me resultaría imposible. En centralita somos muchos y aparte nos ubican en distintas ciudades: desde Quito a Santo Domingo o Barcelona. No tengo acceso a cada uno de ellos, señor Manolo. Pero estamos a su servicio para resolver cualquier duda de nuestros clientes. Dígame la suya y se la intentaré resolver, si es tan amable.

ÉL

No me entiende. Mónica ya me la resolvió, lo único que quiero es volver a hablar con ella. Es muy importante para mí.

ELLA

En ese caso lo único que puedo recomendarle es que vuelva a llamar por si tiene la suerte de que la señorita...

ÉL

Mónica/

ELLA

De que la señorita Mónica esté libre y sea ella quien le atienda. Es improbable ya que, le repito, somos muchos, pero... no sé, a veces

ÉL

¿Cuánto es muchos?

ELLA

No sé, señor… ¿Doscientos? (…) Me dice un compañero que muchos más.

ÉL

Llamaré.

ELLA

Pero tenga en cuenta que tal vez le atienda dos veces el mismo operario, señor, por lo que/
(…)
Ha llamado al Instituto de Promoción Editorial I. P. S. A. Si necesita hablar con dirección, pulse 1; con secretaría, pulse, 2; con márketing, 3; con el departamento de reclamaciones, 4; con administración, pulse 5; con gestión y promoción, 6; con atención al público, 7. Si no conoce la extensión, por favor, espere… (…)
Buenos días, le atiende Rosalía Salgueiro, ¿en qué puedo servirle? (…)
Ha llamado al Instituto de Promoción Editorial I. P. S. A. Si necesita hablar con dirección, pulse 1; con secretaría, pulse, 2; con márketing, 3; con el departamento de reclamaciones, 4; con administración, pulse 5; con gestión y promoción, 6; con atención al público, 7. Si no conoce la extensión, por favor, espere… (…)
Buenos día, le atiende Mónica Salmerón. ¿En qué puedo servirle? (…)

ÉL

¡Salmerón! ¡Mónica Salmerón! (…)

11. Azul

Ella (50)

    ¡¡¡¡Azuuuul!!!! Por fin consigo que cojas el puto móvil. Ya te podía enviar wasaps, que ni palito ni pollas en vinagre. Paso a los mensajes de voz. Y por si te da por volver a dejarme colgada, que sepas que lo que te voy a decir es muy importante para ti. Muy muy muy importante. Y le interesa a esa parte del cerebro de mosquito que es la única que gastas y se llama bolsillo. Ahí lo dejo. Sí. Pasta. Así que si quieres saber qué ha pasado con tu pasta, que yo vea el puto palito azul cada vez que te deje un mensaje de voz. Continuará.

Él (50)

    (…)

Ella

    Azuuuuul. Veo que has entendido. Bien. Antes de informarte, déjame que te diga algo.

Él

    (…)

Ella

    ¡Eres el mayor hijo de puta que he conocido en mi vida!

Él

    (…)

Ella

    Qué gran invento el móvil y qué a gusto me he quedado. No te pierdas lo de la pasta. Continuará.

Él

    (…)

Ella

¡Azuuuul! Vaya. Ahora sí que no te quedan más cojones que tragarte los mensajes de voz.

Él

(…)

Ella

Como si te estuviera viendo. ¿A que estás sudando tinta china? Bueno, llega el último capítulo. Esto tampoco da para más y no quiero que te dé ahora un infarto. Que te lo dé dentro de una hora, cuando vayas… al banco. Por cierto, de ahí vengo. Qué maja, la directora. ¿Te imaginas ya lo que he hecho?

Él

(…)

Ella

Te he dejado más limpio que el culito de la Barbi.

Él

(…)

Ella

¿No querías que partiéramos de cero?

12. El autógrafo

Ella (40)
Muchas gracias.

Él (40)
(…)

ELLA

No veas lo que me ha costado. Apenas has cambiado la firma. Conozco tu firma mejor que la palma de mi mano. Y tú me conoces a mí, solo que ahora no caes. ¿Me equivoco? Mírame bien, anda. 1º A. En el Instituto. Me senté junto a ti todo el año, hasta que te… La empollona gafotas que te soplaba los exámenes. ¿Te vas situando?

ÉL

(…)

ELLA

Pasa nada. Lo entiendo. La memoria es así de puñetera. Sobre todo si tienes que recordar a alguien que siempre ha sido invisible. Yo sacaba matrícula en todo y a ti te tiraban de clase un día sí y el otro también. Hasta que te echaron de todo. Estuve llorando una semana.

Y ahora yo llevo lentillas, tengo un trabajo de mierda y me acabas de firmar el autógrafo que llevo buscando desde hace años. Pues que sepas que no he dejado de pensar en ti un solo día desde que te expulsaron. Hace ya no veas. Y siempre que puedo me escapo a verte. Hoy he hecho más de cuatrocientos kilómetros para venir al concierto. Es mi día de suerte. Es que, hijo, siempre sales escopetado nada más terminar. Es lo que tiene la fama, ¿no? (…)

ÉL

¿Follamos?

13. PIGMALION

ÉL (60)

¿Y así me pagas? ¿Así? (…)

ELLA/HOMBRE (20)

Lo siento. Lo siento. De corazón. Créeme que lo siento.

ÉL

De bien nacido es ser agradecidos.

ELLA

Nunca te pedí nada.

ÉL

Me lo pedía tu miseria y, lo que es peor... tu ignorancia.

ELLA

Era un niño.

ÉL

Eras una pena de niño. Y entonces no te importó que yo fuera un viejo.

ELLA

Ahora tampoco me importa.

ÉL

Si no te importara, no te irías.

ELLA

No es por tu edad por lo que me voy.

ÉL

¿No?

ELLA

No.

ÉL

Entonces, al menos dime por qué.

ELLA

(…) Solo quería despedirme y darte las gracias. Especialmente por… (…) Enseñarme. (…) Enseñarme a pensar.

14. NE ME QUITTE PAS

ÉL (50)

¿Oyes?

ELLA (50)

¿Qué es?

ÉL

¿No te suena?

ELLA

Algo, sí, pero/

ÉL

Nuestra canción. No parábamos de oírla. Nos pasamos un año que no escuchábamos otra cosa.

Ne me quitte pas
Il faut oublier
Tout peut s'oublier
Qui s'enfuit déjà
Oublier le temps
Des malentendus

ELLA

No sé si quien canta está cantando o llorando.

ÉL

Las dos cosas a la vez. Quiero decir, no llora, pero canta

como si llorara. La canción más romántica de todos los tiempos.

ELLA

Hombre, un poco exagerado eso, ¿no?

ÉL

Eso dicen.

ELLA

Quién lo dice.

ÉL

No sé. Los que entienden.

ELLA

Pues yo he escuchado canciones más románticas que esta.

ÉL

Escucha.
Moi, je t'offrirai
Des perles de pluie
Venues de pays où il ne pleut pas
Maravillosa. ¿No te, no te, no te… por dentro?

ELLA

Si no te digo que esté mal. Es que da una pena el pobre. Parece que esté haciendo gárgaras.

ÉL

Antes te encantaba.

ELLA

¿A mí? ¿Y qué dice?

ÉL

Ne me quittes pas.
No me dejes.

ELLA

Anda. Ya caigo. Me la pusiste el día que me iba a largar por primera vez a casa de mi madre.

ÉL

Sí. Yo la puse en el tocadiscos aquel que teníamos, ¿te acuerdas? El que rallaba casi todos los discos. Te la puse a ver si recapacitabas. Tú no le hiciste caso al principio.

ELLA

A mí es que el franchute, como el chino.

ÉL

Pues a mí me parece la lengua más sexi del mundo: «Je t'aime mon amour».

ELLA

(…) Carrefour… ¿Es francés? No sabía yo que sabía una palabra en franchute. Ah, y cruasán.
Podías haberme dicho directamente: no te vayas, nena. Y a lo mejor te hubiera hecho más caso.

ÉL

Preferí ponerte esta canción. Y cuando ya estabas llegando al ascensor te traduje el título a gritos desde la puerta: ¡no me dejes!
Ne me quittes pas.
Y no sé si fue la canción o la letra o que me viste como me viste, que te diste media vuelta. Entraste y te encerraste en el baño. A llorar.

ELLA

Quita. Volví a casa porque me estaba meando. Y la casa de
mi madre estaba en la otra punta. ¿Qué más dice? La canción. ¿Qué cosas dice además de gimotear no me dejes?

ÉL

    Moi, je t'offrirai
    Des perles de pluie
    Venues de pays où il ne pleut pas
Te daré... perlas de lluvia... llegadas de un país... donde
no llueve. Precioso. (...)

ELLA

Raro de cojones.
«Ne me quite pa».

ÉL

No me dejes.

ELLA

¿Y el pa? Ne me quite pa. No -me- dejes- ¿pa?

ÉL

El pa lo ponen los franceses para decir «no» como dos
veces.

ELLA

Ah.

ÉL

Se está acabando. ¿Quieres que la ponga otra vez.

ELLA

(...) Ne. (...) Pa.

15. AFEITARSE

ÉL (65)

Esta mañana me estaba afeitando y he pensado: coño, llevamos juntos cuarenta y...

ELLA (65)

Cinco años.

ÉL

Llevamos casi medio siglo.

ELLA

Falta poco, pero lo llevaremos.

ÉL

Y cada día que pasa te quiero un poco menos.

ELLA

(...) ¿Y eso?

ÉL

Eso.

ELLA

A qué viene eso.

ÉL

No sé. Lo he pensado.

ELLA

(...) No me lo creo. Qué tonto eres.

ÉL

Pues créetelo.

ELLA

Mira cómo me río. Tonto. Tonto. Tonto.

ÉL

Mira cómo no me río.

ELLA

¿Qué quieres, enfadarme?

ÉL

No. A alguien se lo tengo que decir. No se lo voy a contar a Bruno. A Bruno, ya ves, lo quiero igual desde el día que nos lo trajimos de la perrera.

ELLA

(…) Eres un guasón. Te estás haciendo viejo, pero sigues siendo el mismo guasón.

ÉL

Que cada día te quiero menos. Y me he dado cuenta al afeitarme.

ELLA

Eso será porque te has cortado, para variar.

ÉL

Hoy no. Solo me ha pasado que, de repente, he pensado que cada día, al afeitarme, pensaba lo mismo sin darme cuenta, como una sensación que se repite: que te quiero un poquito menos que ayer. Ya sabes, como el anuncio de la tele aquel. Pero al revés. Hoy te quiero menos que ayer, pero más que mañana.

ELLA

(…) ¿Y desde cuándo me quieres un poquito menos que ayer?

ÉL

Creo que desde el día que me afeité después de pasar la primera noche contigo.

ELLA

Eso fue la noche de bodas.

ÉL

No, antes. Te recuerdo que ya nos acostábamos de novios.

ELLA

Es verdad. Pero acostarse en el coche de tu padre no debería contar. (…)

ÉL

Te ríes.

ELLA

Qué quieres que haga. Es para reírse.

ÉL

Supongo que sí.

ELLA

Llevamos cuarenta y cinco años y no hay día que no me hagas reír. Acuérdate lo que nos dijo el cura: el termómetro de la felicidad de una pareja es la sonrisa.

.L

Yo te haré reír, pero no hay día que no te quiera un poco menos.

ELLA

Me debías querer mucho entonces. Ha habido muchos días para ir queriéndome cada día menos.

ÉL
>Sí. Te debía querer mucho un día.

ELLA
>(…) Donde hubo, algo queda.

ÉL
>Casi nada. Ya casi nada. (…) ¿Qué va a pasar cuando no quede nada?

ELLA
>Nada. Tontito.

ÉL
>Nada.

ELLA
>Que yo te querré como el primer día.

ÉL
>(…) Pero es que tú no te afeitas.

16. AMOR DE MADRE

ELLA (70)
>*¡Psss!*

ÉL (33)
>Qué pasa ahora…

ELLA
>¿A que no te has cepillado los dientes…?

ÉL
>Síííí… mamá, me los he cepillado…

ELLA

¿Y qué más…?

ÉL

Y me he pasado el hilo dental… ¡Dos veces!

ELLA

Muy bien. Que el aliento es muy importante, nene, muy importante…

ÉL

(…)

ELLA

¿Qué calzoncillos llevas…?

ÉL

Los que me regalaste para Reyes…

ELLA

A ver…

ÉL   (.

e aprietan?

¿Qué?

ELLA

Es que si te aprietan no es bueno… Los… los … cataplines aplastados sufren mucho y… después… dicen que… que… que no es bueno… lo oí en la radio. Que…

ÉL

Que llego tarde…

ELLA

No pasa nada porque te espere cinco minutos… (…)
Nene/

ÉL

Qué…

ELLA

Acuérdate/

ÉL

De qué…

ELLA

De qué…

ÉL

(…) «Que las mujeres tenemos pechos, no hogazas de
pan, no te tires como si fueras a amasarlos, que los hombre sois muy brutos, nene, muy brutos».

ELLA

Delicadeza…

ÉL

Delicadeza.

ELLA

Y tiempo… En la cama se paran los relojes. Cada cosa
tiene su cosa. No hagas como tu padre, que menudo era,
¡hala, aquí te pillo aquí te mato! Sin prelego/

ÉL

Prolegómenos…

ELLA

Sin proguelómenos ni nada. Y, claro, yo me quedaba a
dos velas, bueno, ni a una… Delicadeza, nene. Primero
los besicos, después las caricias. Hay que acariciarlo todo.
Todo. Que las mujeres no somos solo tetas y culo.
Estamos llenas de tesoricos. Y nos gustan que nos los
descubran. ¡No que nos amasen primero y luego nos tala-
dren! Pim, pam, pim, pam…
(…) Ponte bien la camisa. ¿Llevas preservativos?

ÉL

Sí.

ELLA

¿Cuántos?

ÉL

Uno.

ELLA

Ya estamos. Con uno no tienes para nada, nene…

ÉL

Ahora paso por la farmacia y compro más.

ELLA

Muy bien, nene, a ver que te vea por última vez.

ÉL

Mamá, que acabo de cumplir treinta y tres años.

ELLA

Uy, qué mayor. (…) Míralo qué guapo, si te viera tu padre…
Igual hasta hubiera aprendido…

ÉL

> Me voy… No tardaré…

ELLA

> Tarda, hijo, tarda… Y si ves que estoy durmiendo, tienes consomé en la nevera. Lo calientas en el microondas y verás qué bien te sienta.

ÉL

> (…)

ELLA

> ¡Guapo!

ÉL

> (…)

ELLA

> Hala. Ni un beso ni nada.

17. FIRST DATES

ÉL (40)

> Qué cooool. No te imaginaba así. Estás igual que en…

ELLA (40)

> (…)

ÉL

> ¿Por qué sonríes?

ELLA

> Porque a mí me pasa lo mismo. Ni por asomo pensaba que serías el mismo de la foto. No, por favor.

ÉL

Debemos de ser los únicos que ponemos las auténticas.

ELLA

Será eso. La gente normal se inventa otro perfil.

ÉL

Yo soy incapaz. Mentiras, las justas. Si no hay más remedio.

ELLA

Qué peligro.

ÉL

¿Por qué?

ELLA

Porque también pienso lo mismo. No me entra en la cabeza la mentira. Desde que era una niña. La verdad por delante.

ÉL

¿Es un peligro que pensemos lo mismo?

ELLA

Para mí, sí. ¿Y para ti?

ÉL

También.

ELLA

¿Te gusta el deporte?

ÉL

Ninguno. (…) Ahora no te ríes. ¿Pasear es un deporte?

Ella

No. Quiero decir: no me río. Y pasear no es un deporte. A mí también me gusta pasear. El único movimiento que mi cuerpo aguanta. Dime una rareza. Lo más raro que creas que te pasa. No sé: una manía, una afición, un/

Él

Las películas coreanas/

Ella

Chan Goo Park, Boon Joon Ho, Min Gyu Dong/

Él

«Memento Mori»/

Ella

¿La conoces?/

Él

Mi favorita. Después/

Ella y Él

«Oldboy». (…)

Él

¡«Impósibol»!

Ella

¡«No way»…!

Ella

(…)

Él

Un hombre solo es un hombre en mala compañía.

ELLA

Eso lo dijo un hombre, pero sirve igual para una mujer.

ÉL

No me apetece empezar una relación con alguien que es igual que yo.

ELLA

Nunca me enamoraría de alguien como yo.

ÉL

Habrá que seguir buscando.

ÉL y ELLA

Qué pereza.

ÉL y ELLA

¡«An-nyeong»!
(Es decir, adiós en coreano, más o menos…)

18. CA(N)SARSE

ELLA (30)

(…)

ÉL (Mujer)

¿Puedes parar un momento? (…) ¡¿Puedes dejar de tocar ese puto violín?!

ELLA

(…) Tengo concierto.

ÉL

Últimamente siempre tienes concierto.

ELLA
Ojalá (…)

ÉL
¡Qué dejes el violín, coñoooo! (…)

ELLA
Qué bruta eres a veces, cariño.

ÉL
Vaya. La primera palabra amable que me dices en un mes.

ELLA
¿Bruta?

ÉL
Cielo, ¿qué te pasa?

ELLA
Nada.
No me pasa nada. (…) Y eso es lo malo. (…)

ÉL
O paras o te meto el violín por el… (…)

ELLA
Nena, cada día eres más nene…

ÉL
¿Por qué?

ELLA
¿Por qué eres más nene?

ÉL
No. Por qué es lo malo.

ELLA

Porque tendría que estar pasándome algo. Como antes de…

ÉL

Ya estamos.

ELLA

Tenía ese presentimiento y te lo dije. ¿Te lo dije o no te lo dije?

ÉL

Me lo dijiste. Pero porque me lo dijeras no tenía que pasar.

ELLA

Pues ha pasado.

ÉL

¿Ha pasado?

ELLA

Ha pasado, sí, ha pasado, al menos a mí.

ÉL

¿Eso quiere decir que…?

ELLA

Que ya no es lo mismo… Que mira que… me lo temía… con lo bien que…

ÉL

¿Qué? Me estás diciendo que por firmar unos papeles ya no es lo mismo. Cielo, que llevamos diez años juntas y todo ha sido tan… bonito…

ELLA

Ha sido… sí… hasta que te dio por…

ÉL

Por nada. ¿Cuánto fue? ¿Cinco minutos?

ELLA

No tiene que ver con los cinco minutos, ni la comida familiar, ni ese traje que tuvimos que estrenar ni el viaje a la Toscana… es algo mucho más… es… no encuentro la palabra… es tener que pasar por… no sé… estábamos tan bien sin necesidad de… sin tener que… estábamos tan bien… tan enamoradas…

ÉL

Pero era lo que queríamos, ¿no?

ELLA

Lo querrías tú…

ÉL

Solo hemos hecho lo que hacen todas las parejas, cari. Casarse. Ahora que por fin podemos…

ELLA

Ahora que podemos, cometemos el mismo error de los que han podido siempre…

ÉL

¿El mismo error?

ELLA

¿No me digas que no te sentías antes más… más… libre. Y comprometida. Porque me lo diga el teniente de alcalde no te voy a querer más que porque no me lo diga… Casarse. Cansarse. Te casaste. La cagaste. Eso dice mi hermano.

ÉL

Tu hermano lleva casado veinte años y se le ve feliz.

ELLA

Si yo te contara. Hay parejas felices y otras que duran toda la vida. El pobre.

ÉL

¿Me estás diciendo que estás cansada? Llevamos un mes de casadas, cari. Un mes.

ELLA

¿Tú sigues igual de enamorada que antes, cuando éramos solo novias? Maravillosamente solo novias...

ÉL

Por supuesto. O más. ¿Y tú?

ELLA

(...) Tengo concierto.

19. NÚMEROS

ELLA (30)

Cuando rompimos, hacía exactamente cuatro años,tres meses, cinco días, doce horas, catorce minutos y siete segundos que él me había jurado amor eterno/

ÉL (30)

Joder con la profe de matemáticas. ¿Amor eterno? ¿Estás segura que dije eso?

ELLA

Follábamos cada cuatro días...

ÉL

Arriba abajo. Ya me entendéis. Pim, pam, pim, pam.

ELLA

Vimos juntos ciento trece películas/

ÉL

La mitad subtituladas, como debe ser.

ELLA

Sin contar las series/

ÉL

Un montón. *Juego de tronos*, tres veces.

ELLA

Visitamos siete países.

ÉL

Y Andorra, que también cuenta.

ELLA

Nos enfadamos en trece ocasiones.

ÉL

Peloteras de las buenas que acababan donde debe ser, en la cama. Pim. Pam/

ELLA

Ahora lo peor no es que me sienta un cero absoluto, es que no sé si durante el tiempo que duró… la eternidad esa que él me juró, he conseguido ser feliz… un solo instante.

20. INTERCAMBIO DE PAREJAS

ÉL (50)
¿Hablamos?

ELLA (50)
Si quieres…

ÉL
Es incómodo.

ELLA
Pues no hables. Quedamos en pasar de explicaciones.

ÉL
Ya, pero es que me apetece que hablemos.

ELLA
Pues nada, hablemos. (…)

ÉL
¿Quién empieza?

ELLA
Tú, que eres al que le apetece. A mí me da igual.

ÉL
Vale. (…) Sin tapujos.

ELLA
O con tapujos, que no sé lo que son, pero es igual. Venga.

ÉL
Es que es delicado. A ver… Al principio estaba como muy incómodo, ¿no? No sabía cómo empezar. Como que no me ponía…

ELLA
Pues no sería por el cuerpazo que tenía la tía. Y qué tetas. Como a ti te gustan.

ÉL

Sí. Sí, tuvimos suerte.

ELLA

La tendrías tú. Su marido era más feo que Paquirrín mordiendo un limón.

ÉL

Hombre, tampoco estaba tan mal. Muy cachas, ¿no?

ELLA

Feo con avaricia. Qué más.

ÉL

Pues eso. Que no… que no… Ana era…

ELLA

¿Ana?

ÉL

Sí, Ana. Cómo te diría yo, Ana era un poco bastante fría. Distante. Y, ya me conoces, yo necesito un empujón para/

ELLA

Te he acostumbrado mal.

ÉL

Total, un desastre. No había forma. No sé si te pasó lo mismo.

ELLA

Qué va. Solo al principio. Enseguida nos tiramos como fieras. El reservado, por cierto, cojonudo. Muy cómodo, ¿eh? Y limpio. La cama era enorme.

ÉL

Sí, la nuestra también.

ELLA

Pues nada. Como si fuera el primer polvo de nuestras vidas. Como si/

ÉL

¿Cómo se llamaba?

ELLA

Ni idea.

ÉL

¿No se lo preguntaste?

ELLA

Pues no. Ni él a mí. Los dos estábamos en lo que teníamos que estar y punto.

ÉL

O sea, que, entonces, bien.

ELLA

Bien no, lo siguiente. Menudo revolcón. Del bueno. (…) El tío folla como Dios. Todo muy… fluido. Muy normal. Pim, pam… Una gozada. (…) Y a ti… ¿al final? ¿Se te levantó o no?

ÉL

Nada. El agüilla ese incómodo que te dice que la cosa no… Una mierda. No había forma. Yo empecé a sentirme muy presionado. Y a ella por lo visto le pasaba algo parecido, no sabía dónde meterse, qué mal. Así que nos vestimos y nos fuimos a la barra, le invité a una copa y charlamos. Es veterinaria.

ELLA

¿Le hablaste de Tobías?

ÉL

Sí, dijo que casi seguro que es conjuntivitis. Lo del lagrimeo es bastante común y no hay que darle importancia, será alguna alergia. Parece ser que hay más gatos con alergia de lo que nos creemos. Me pidió que lo llevemos a su clínica.

ELLA

Pues muy bien, ¿no?

ÉL

Sí, esta tarde se lo llevo a ver qué me dice. (…) Y de paso hemos quedado para cenar.

ELLA

¿En su casa?

ÉL

No, no. Su marido se queda con los niños.

ELLA

¿Tienen hijos?

ÉL

Dos. Lucas y Mar. Casi de la misma edad que los nuestros.

ELLA

Pues no me dijo nada. Claro, es que no hablamos apenas.

ÉL

¿Te corriste?

ELLA

Tres veces. Pim pam. Pim pam. Pim pam… (…)

ÉL

Con lo que te cuesta…

ELLA

Pues ya ves. A ti ni te pregunto.

ÉL

No. Ni de lejos. Nada. El agüilla, ya ves. (…) Y vosotros, ¿habéis vuelto a quedar?

ELLA

Qué dices. Ese tío no me interesa para nada.

ÉL

Pero la experiencia fue bien, ¿no?

ELLA

Sí, fue una buena idea. Pero volver a quedar es otra cosa. Ni de coña.

ÉL

Me voy, que llego tarde. (…)

ELLA

No olvides a Tobías.

21. PENITENCIA

ELLA/ÉL (40)

He pensado tantas veces en este momento y lo he temido tanto al mismo tiempo… (…)

ÉL (80)
(…)

ELLA

¿Cómo puede mirarme a los ojos?

ÉL

Es mi penitencia. (…)

ELLA

¿Sabe que ninguno de sus monaguillos habíamos cumplido los diez años?

ÉL

Dios me pide que me humille y te mire a los ojos.

ELLA

Sigue teniendo usted la misma mirada.

ÉL

Son los ojos de un pecador que todos los días suplica perdón a Dios.

ELLA

¿Y por qué no nos lo ha pedido directamente a nosotros? Ya no suplicar. Pedir.

ÉL

(…)

ELLA

Responda, por favor.

ÉL

(…) Y tú. ¿Por qué no has venido antes para que te lo pidiera?

ELLA

(…) Por ¿miedo?, ¿vergüenza? Por ¿no poder gritar? (…) El dolor sigue aquí dentro. Y el silencio. Duele igual que el primer día.

ÉL

Romper el silencio al final sirve de bien poco. Solo sirve el perdón.

ELLA

Dios ¿le ha perdonado?

ÉL

Eso lo sabré pronto. Él es el único juez de nuestros actos.

ELLA

Y a Dios… (…) ¿A Dios quién lo juzga?

22. Cosas mías

ELLA/ HOMBRE (15)

Tete, te gusta.

ÉL (15)

Me gusta.

ELLA

Mucho.

ÉL

Mogollón.

ELLA

Aunque sea lesbiana.

ÉL

Igual no es lesbiana.

ELLA

No te rayes. Es un bollito que te cagas. ¿Es que no has visto que no se despega de esa tía ni loca?

ÉL

Igual es hetero, nano, igual es hetero.

ELLA

Ja. Con la de tías buenorras que hay en clase y te enamoras de un bollito.

ÉL

Una putada.

ELLA

¿Y qué vas a hacer?

ÉL

Pues decirle algo, a ver qué pasa.

ELLA

Pues muy bien. No se lo digas a la cara, que cuesta un huevo y al final la cagas. Por móvil. Pero que sea un wasap, que los mensajes de voz son muy chungos. Después quedan patéticos. Un wasap mejor. Y así te lo piensas despacio. Corto y a la yugular.

ÉL

Ya me lo he pensado.

ELLA

Ah, ¿sí?

ÉL

Bueno, ya lo he escrito. Mira.

ELLA

«Me he enamorado de ti. Y no es broma. Sé que no te intereso, pero pelearé por ti hasta la muerte». (…) Joder, tete. Qué valiente, ¿no?

ÉL

Creo que me va a mandar a la mierda.

ELLA

Fijo. Pero me gusta.

ÉL

¿Estás de coña?

ELLA

Qué va, qué va. Me gusta. Toma. Envíaselo.

ÉL

¿Se lo envío?

ELLA

Envíaselo.

ÉL

Es que, tío, no sé… es que…

ELLA

Envíaselo, tete, hazme caso.

ÉL

Vale. Se lo envío. (…)

ELLA

Me he enamorado de ti. Y no es broma. Sé que no te intereso, pero pelearé por ti hasta la muerte.

ÉL

(…) Enviado. Ahora a esperar. (…) ¡Lo ha leído! Diossss.
Lo ha leído, tete, lo ha leído.
(…) ¿Decías?

ELLA

(…) Nada. Cosas mías.

23. EL PREMIO

ÉL (50)
Gracias, gracias… muchas gracias… Vaya… Pufff… Esto
es…

ELLA (50)
Gracias.

ÉL

La verdad es que me había preparado el discursito, pero
con este subidón… ¡me acabo de quedar en blanco!
Bueno… en fin… sí, claro, lo primero es agradecer a la
Academia por habernos concedido el premio. ¡Ya tocaba,
¿eh?! ¡Muchas gracias! Podría decir que no nos lo merecemos y todo eso, pero no lo voy a decir. ¡Claro que nos lo
merecemos!, ¿no? ¡Después de veinticinco años ya lo creo
que nos lo merecemos…!

ELLA

Aunque solo sea por tener que aguantarte… (…)

ÉL

Han sido veinticinco años de vida en común, compartiendo un oficio con el que hemos vestido más de cien películas y cuarenta series de televisión. Gracias, Esther, desde el corazón del corazón, porque sin ti, sabes que nada hubiera sido igual… Tú has sido todos estos años, no solo mi esposa y compañera, sino mi apoyo, mi inspiración, la/

ELLA

La negra que trabaja para ti. (…) Y perdón por las negras. Era una forma de hablar… (…)

Perdonad, pero es que estoy muy nerviosa, ya no por el premio, que también, sino porque estaba esperando este momento para… cómo lo diría yo… ¡para hacerme… visible! Como ya nos han dicho en organización que tenemos un minuto y estoy acostumbrada a que este sea el que hable… esta vez también lo haré yo… Y si me paso de tiempo, todo sea por la audiencia, que va a subir… (…) Sin tu permiso… pero con el vuestro, ahí va. Yo no he necesitado apuntar mi discursito (este siempre dice lo mismo…: «Me he quedado en blanco…»). ¡Otra mentira de las suyas! Mi discurso lo llevo dentro desde hace… demasiado tiempo. Porque, aquí, entre nosotras —vosotras me entenderéis mejor—, os contaré que, cuando empezamos, este no sabía ni lo que era una aguja. Todavía lo está aprendiendo. Empezamos juntos, sí, recién casados, yo curraba, día y noche, y él ponía su cara bonita en los medios de comunicación. *Esteban y Esther* se llama la empresa que fundamos. Al cabo de un año pasó a ser conocida como «Esteban y puntos suspensivos». Yo era los puntos suspensivos. Él hablaba en la tele, en el periódico o en la radio mientras yo, en el taller, me dejaba las pestañas hasta las tantas. Él se llevaba la flores, yo las cosía. Él era la cara de la web. Yo, el culo. ¿O no, corazón?

ÉL

(…) No creo que sea el momento para…

ELLA

Lo es. El cabezón para ti. Mi premio es otro: decir la verdad.

ÉL

Hay otros espacios, Esther/

ELLA

Ninguno como este, querido. Y hablando de queridos y queridas, como tú no vas a tener la valentía de dedicarle este premio a todas las churris que te tiras, déjame que yo sí lo haga. Manolo, ¿dónde estás, que con los focos no…? (…) ¡Ya te veo! Gracias, corazón, por estos últimos años de estar de verdad junto a mí, ayudándome en todo, cosiendo cada uno de mis días y haciendo que esta vida sea al menos soportable. Sin ti, este premio sí que hubiera sido imposible. (…) Te quiero. (…) ¿¡Qué!? ¿Cómo te has quedado? (…) Buenas noches.

24. ENAMORIRSE

ÉL (30)

Hace años en un periódico leí que encontraron muerto en un parque a un muchacho de unos quince años. El título del artículo era «Muerte por amor». No se me ha olvidado. Después de la autopsia y todo eso, el forense informó que el chaval estaba completamente sano y que la única razón por la que podía explicar su muerte era por el conocido como «síndrome del corazón roto». Al parecer el pobre diablo aquel, según se enteró el médico, estaba perdidamente enamorado y no sé, por un desengaño o vete tú a saber, la palmó.

ELLA (30)

¿De quién estaba enamorado?

ÉL

Eso no lo ponía. De una amiga, supongo.

ELLA

¿Supones? Podía ser de un amigo. De su profesor o profesora, de su madre o de su padre, de su puto hámster, de/

ÉL

Mira que llegas a ser retorcida a veces.

ELLA

Y tú, tonto. ¿No me digas que te tragaste aquella tontería?

ÉL

Fue hace mucho. Y sí, me la creí.

ELLA

El síndrome del/

ÉL

Corazón roto.

ELLA

Ja. El nombrecito se las trae. Como para creérselo, es que eres/

ÉL

Técnicamente se llama miocardía de Takotsubo.

ELLA

Venga ya.

ÉL

Lo buscas en Google y verás.

ELLA

No me jodas.

ÉL

El uno o dos por ciento de las muertes de corazón tienen una causa parecida. No te digo que las muertes sean solo por amor amor amor o encoñamiento, no. Casi todas son por el duelo tras haber perdido a alguien que amaras a lo bestia. Pero también las hay, las menos pero las hay, por amor amor amor. Acuérdate de lo qué decía Pessoa...

ELLA

¿Quién?

ÉL

Si el corazón pudiera pensar, se pararía. Igual el corazón del chaval se puso a pensar, enamorado, y se paró.

ELLA

Claro.

ÉL

Como sabes que me gusta inventarme palabras, he pensado en que morirse de amor podría llamarse «enamorirse». ¿No te parece bonito que alguien pueda «enamorirse»?

ELLA

Lo que me parece es que, al menos, ya sé de lo que no me voy a morir.

25. ME QUIERO

ELLA (60)

Vivimos mil meses de vida, mes arriba, mes abajo.

ÉL (61)

Qué poco.

ELLA

Sí. Esta noche pasada me he levantado a orinar, me he desvelado y me ha dado por calcular y pensar. Si no pasa nada raro, me quedan unos… trescientos meses.

ÉL

Toma, y a mí menos, que tengo un años más.

ELLA

He estado toda la noche dándole vueltas a la cosa. (…) Trescientos meses. Un suspiro.

ÉL

Nada. (…)

ELLA

Pues por eso me he dicho: hay que hacer algo, Mari, que esto se te acaba y solo acaba de empezar.

ÉL

Hay que exprimir la vida.

ELLA

Eso es. (…) Pues hecho. (…) Me voy. Me largo. Todavía no sé adónde, pero la vida me dice que tengo que salir de aquí antes de que sea tarde. Quiero vivir estos trescientos meses como me dé la gana. Necesito respirar. Apurar el poco tiempo que me queda. Largarme. ¿Sabes? No solo viajamos en el espacio. También lo hacemos por el tiempo.

ÉL

A ver, a ver, a ver. (…) ¿Me estás diciendo que… me dejas?

Ella

No es eso. Bueno, o sea…

Él

Me estás diciendo que… ¿Que ya no me quieres?

Ella

No. No es eso. O sea… Igual sí, te quiero. Pero esta noche me he dado cuenta de que… ¡me quiero más a mí!

26. Canción de amor

Ella

¿Empiezo?

Él

Venga…

Ella

Va por ti…
(Canta acompañándose con el violín. Muy entregada.)
He construido una casa
Que aún no he enseñado a nadie
Un poco en el interior
Aunque todo da exterior
Y es confortable
El milímetro cuadrado
Está a un precio razonable
Y no ha habido tasador
Ni ningún especulador
Que pida avales…
Solo me faltas tú
solo me faltas tú
que dé sentido al paisaje

solo me faltas tú
Y por las noche haremos fuegos artificiales…
He construido una casa
Que aún no conoce nadie
Apunta la dirección
Calle de mi corazón sin número
no tardes.

ELLA
¿Y…?

ÉL (30)
(…) Muy… muy… (…) Muy.

27. SRI LANKA

ELLA (60)
¿Cuánto tiempo estarás fuera?

ÉL (20)
En principio un año, pero si las cosas me van bien y me renuevan, igual me quedo/

ELLA
¿No será una excusa para perderme de vista?

ÉL
No. Puede llamar a la agencia, no tengo ningún problema. Este ha sido mi último servicio.

ELLA
Vuelves a llamarme de usted…

ÉL
Perdón.

ELLA

¿Seguirás trabajando en…

ÉL

No. Es una multinacional. Pasarela y fotografía, princi-
palmente. Un sueño.

ELLA

Y dejarás de acostarte con viejas.

ÉL

Usted no es una vieja.

ELLA

Eres un encanto. Y un mentiroso. ¿Sabes lo que me costó
decidirme a llamar? Meses. El primer día, ya me viste,
parecía una chiquilla de lo nerviosa.

ÉL

Solo me acuerdo de que me pareció usted guapísima
para su edad.

ELLA

Para mi edad.

ÉL

Y que le olía más la ginebra que el perfume con que se
roció.

ELLA

Menos mal que los tranquimazines no huelen. Yo sola no
podía superar el trance.

ÉL

Pues lo superó con matrícula.

ELLA

Eres un bien quedas. Te esperaré.

ÉL

No voy a volver.

ELLA

¿Me llamarás al menos? Cuando puedas.

ÉL

Sabe que lo tenemos prohibido.

ELLA

Si ya no trabajas para la agencia.

ÉL

Pero es igual. Creo que es mejor que no te llame. Que no la llame.

ELLA

Aunque sea una wasap por Navidad.

ÉL

Mejor no.

ELLA

Tienes mi teléfono.

ÉL

Ya no.

ELLA

Pero yo sigo teniendo el tuyo.

ÉL

Tampoco. Era el del trabajo, el personal no lo damos nunca.

ELLA

Eras el único lujo que me podía permitir. Mi inversión en felicidad. No veas lo que me voy a ahorrar ahora.

ÉL

Con lo que se ahorre puede hacer un buen viaje. A Sri Lanka, por ejemplo. Mi madre se va allí en agosto. Dicen que es precioso.

ELLA

Tu madre tiene suerte en tener un hijo como tú.

ÉL

Ella no piensa lo mismo.

ELLA

(…) Mi Sri Lanka eres tú.

28. NOS VEMOS EN UN AÑO

ELLA (30)

(…)

ÉL (30)

Psss. Antes de decir nada quiero que me mires a los ojos. Solo serán unos segundos. (…)
No pongas esa cara. Sabes que siempre me ha gustado leer tu mirada.

ELLA

(…)

ÉL

(…)

ELLA

¿Ya?

ÉL

Unos segundos más. (…)

ELLA

¿Ya?

ÉL

(Decepcionado.) Ya. (…) Confiaba en que… Me esperaba otra cosa.

ELLA

Lo que para ti es un don, para mí es inquietante. No me gusta que nadie pueda leerme sin mi permiso. No has perdido la práctica.

ÉL

Así que otro año.

ELLA

Sí.

ÉL

Definitivamente.

ELLA

No. (…) Solo por ahora.

ÉL

Así lo planteamos el año pasado.

ELLA

Es que todo sigue igual que el año pasado.

ÉL

¿Para ti no ha cambiado nada en todo este año?

ELLA

No. Necesito tiempo. ¿Y para ti?

Él

Para mí sí. Quiero volver. Empezar de nuevo.

ELLA

Lo siento. (…) Nos vemos aquí. El año que viene. (…)

ELLA

Esta vez empiezo yo.

ÉL

No. Mejor yo, creo que será todo más fácil.

ELLA

¿Y eso que no me miras a los ojos?

ÉL

No hace falta. (…) Necesito tiempo.

ELLA

Vaya.

ÉL

¿Y tú?

ELLA

Yo lo tengo claro. Quiero volver. Empezar de nuevo. (…)

ÉL

¿Nos vemos aquí? Necesito un poco más de tiempo.

ELLA
Claro. Tiempo.

ÉL
Hasta el año que viene. (…)

29. ¿FOLLAMOS?

ELLA (40)
¿Cuánto tiempo hace que no follamos?

ÉL (50)
Ni idea. (…) Además, los hermanos no follan.

Ella
Pero nosotros, ¿somos hermanos? (…)

ÉL
Buena pregunta.

30. LA GIRA

ELLA (20)
(…)

ÉL (60)
(…) Has mejorado algo, no te digo que no. Pero…
mmm…. El *spicatto* no me convence… por no hablar de/

ELLA
Sigo verde…

ÉL
Para venir de gira sí…

ELLA

¿Usted cree que me dará tiempo?

ÉL

Depende de cómo trabajes este mes…

ELLA

Le aseguro que por trabajo no es… ¡No puedo sacar más horas!

ÉL

Créeme que valoro tu esfuerzo. Y que hayas aceptado a hacer ensayos extras los fines de semana… Pero no es suficiente…

ELLA

No sé qué puedo hacer más. Esa gira es la ilusión de mi vida…

ÉL

Lo entiendo, pero tengo una responsabilidad… Compréndelo.

ELLA

Ya.

ÉL

Solo pueden venir conmigo los mejores. Y, por ahora, tú no estás entre ellos. No te digo que no puedas estar en… cuatro semanas… pero, ahora, y me duele decírtelo… no lo estás…

ELLA

¿Y qué puedo hacer?

ÉL

Por lo pronto, seguir con el plan: esta semana volvemos a trabajar. (…)

ELLA

¿Su mujer?

ÉL

Se queda en Madrid. Estaremos solos otra vez. (…) ¿Esa cara?

ELLA

Es que, la semana pasada… apenas toqué unas horas…

ÉL

La música, jovencita, es mucho más que trabajar escalas y glisandos. En una hora conmigo sabes que avanzas más que en cien tú sola, ¿lo sabes o no lo sabes?

ELLA

Lo sé…

ÉL

Y tocar en… Milán… igual compensa tanto… sacrificio/

ELLA

¿Milán?

ÉL

Estreno en la Scala. Luego Roma, Viena, Pekín…

ELLA

¿Pekín?

ÉL

¿No te gusta Pekín?

ELLA

Sí, claro. Me encantaría ir, pero… no sé… las noticias que llegan son…

ÉL

¿Te refieres a lo del…? Chica, calla. Esta mañana he oído decir en la radio a un gilipollas que podría llegar a España. ¡Pues sí que tiene que volar el bicho ese!, ¿eh? (…) Además, no es en Pekín donde ha pasado la gripe esa, es en otra ciudad, muy al sur… Y ya sabes cómo son los chinos. El director del Gran Teatro Nacional, el huevo, como le llaman allí, me ha asegurado que en marzo, estaremos en la gloria. ¿Entonces qué, te animas a venir?

ELLA

¿A la gira?

ÉL

No, mujer, al chalet. (…) Para la gira quedan todavía dos meses. Y luego ya veremos qué pasa…

EPÍLOGO. EL AMOR DEBERÍA ESTAR PROHIBIDO

ÉL (40)

¿Eres de las que piensan que la vida no tiene sentido si no estás enamorado, aunque la persona a la que quieras pase olímpicamente de ti?

ELLA (40)

Hombre, tengo mis dudas.

ÉL

Imagino que debe de ser duro, yo no he pasado nunca por ahí, pero sí que es verdad que cuando uno está enamorado la vida como que cobra otra dimensión, ¿no?

ELLA

En todo caso cobra otra dimensión si ese amor lo puedes vivir plenamente y eres correspondido; a mí tampoco me ha pasado nunca lo contrario, pero… que yo sepa…

Tú y yo nos queremos, pero si no fuera así, preferiría no estar enamorada, la verdad.

ÉL

¿Sigues enamorada de mí?

ELLA

Sigo muy enamorada de ti. ¿Y tú?

ÉL

Tengo mis dudas.

ELLA

¿Dudas?

ÉL

Sí. Es que desde hace algún tiempo parece que he dejado de estar en otra dimensión. Es horrible.

ELLA

Horrible será para mí. Yo no tengo ninguna duda. Te quiero. Y no hay más.

ÉL

¿Es eso lo que sientes?

ELLA

Mira, lo que siento en este momento es que igual ya no me quieres y no sabes cómo decírmelo. ¿Más? Sí. Siento unas ganas locas de darte una hostia. Eso es lo que siento.

ÉL

Si sigues enamorada, si sigues enamorada, si sigues enamorada, según la teoría, deberías estar en otra dimensión. ¿Lo estás?

ELLA

Los cojones.

ÉL

Cuéntame, entonces. ¿Qué más sientes? Dime.

ELLA

¿Más todavía?

ÉL

Sí.. Qué…

ELLA

Que… Eres feo. Y gordo… ¿Qué, cómo te has quedado?

ÉL

Me ha dado un pronto.

ELLA

¿Al final se te levantó o no?

ÉL

Vale ya, ¿no?

ELLA

Tienes una calle.

ÉL

¿Una calle?

ELLA

Calle de mi corazón, sin número… no tardes…

ÉL

¿Me estás diciendo que me dejas?

ELLA

¿Dónde coño encuentro yo un tío que se llame Estanislao?

ÉL

¿No te parece bonito que alguien pueda «enamorirse»?

ELLA

¿Y desde cuándo le salen estas manchitas?

ÉL

¿Follamos?

ELLA

Ne - Pas.

ÉL

Joder con la profe de matemáticas.

ELLA

Y a Dios… ¿quién lo juzga?

ÉL

Buena pregunta.

ELLA

«Esto es amor, quien lo probó lo sabe»…

ÉL

Muy. Muy.

ELLA
   ¿Y si nos casamos?

ÉL
   Pim pam pim…

ELLA
   (…)

ÉL
   ¡Que dejes el puto violín! (…)

ELLA
   El amor debería estar…

ÉL
   Prohibido.

ELLA
   ¿O no?

   Oscuro fulminante.

@edantigona

 @edicionesantigona

 @edantigona

EDICIONES ANTÍGONA